LE FURET ENQUÊTE

Collection dirigée par Franck Pavloff

ALBIN MICHEL

LE FURET ENQUÊTE est une série d'aventures policières. On retrouve les mêmes personnages dans tous les récits, menés à chaque fois par un auteur différent.

LES PERSONNAGES

Yannick Lerufet,
dit le Furet

14 ans. Il n'a plus ses parents et partage la vie de son oncle et de sa tante, qui voyagent en France et à l'étranger. Sportif, malin, il sait aussi rêver. Il va dans les écoles de passage ou suit des cours par correspondance, sous l'œil vigilant de sa tante. Toujours en alerte, il repère les mystères et les drames dans les villes et les villages qu'il traverse, et mène l'enquête avec ses copains du lieu.

Loubia

La savante, la futée, 14 ans comme le Furet, amie d'enfance qui habite rue de Javel à Malakoff, dans la banlieue parisienne. Ses parents, Dom et Marie, ont une maison d'édition-imprimerie, Le Cri du lézard.

Pour rester en contact avec Yannick et l'aider, elle utilise les téléphones, ordinateurs, fax, minitel, Internet de la maison. Elle participe pleinement aux aventures. Elle collectionne aussi les boules de neige.

Martha

La tante, Canadienne du Québec, parle plusieurs langues, a travaillé en Afrique, aide les personnes qui sont dans le besoin. Elle rapporte des habits typiques de ses voyages qu'elle porte avec plus ou moins de bonheur. Un cœur généreux. Spécialiste des clafoutis, des tourtes à la viande et des crêpes au sirop d'érable.

Yves

L'oncle. Ancien ouvrier des Chantiers de l'Atlantique à Saint-Nazaire. Breton, fort en gueule, sait tout faire de ses mains. Il parcourt la France et le monde pour faire des affaires, acheter, vendre des petites marchandises, faire mille boulots et « attraper mille misères », comme il dit.

Le camion Mercedes

Un personnage à lui tout seul. Il abrite Yannick, son oncle et sa tante, qui s'y sentent en sécurité. Un tout-terrain avec d'énormes roues, aménagé par Yves pour que chacun y trouve son confort. Peut servir aussi d'étal sur les marchés.

L'AUTEUR

Michel Chevron vit à Paris. Il est enseignant. Depuis une dizaine d'années, il écrit des nouvelles et des romans noirs. *La femme en noir* est son premier roman pour la jeunesse.

Fille de sang, coll. « Canaille Revolver »,
Baleine, 1996
Les Purifiants, coll. « Instantanés de Polar »,
Baleine, 1996
J'irai faire Kafka sur vos tombes, coll. « Le Poulpe »,
Baleine, 1998
Gavial Poursuite, coll. « Macno »,
Baleine, 1998

La femme en noir

Pour Corinne, Christian
et Sylvain Rondel

Illustrations : Frédéric Rébéna

Catalogage Electre-Bibliographie (avant publication)
Michel Chevron
La femme en noir. — Paris :
Albin Michel Jeunesse, 1999 — (Le Furet enquête)
ISBN : 2-226-10112-8
DEWEY : 811.5 : Album et fiction. Romans. Aventures et voyages
Public concerné : à partir de 9 ans

Loi 49 956 du 16 juillet 1949 sur les publications destinées à la jeunesse
Dépôt légal : deuxième semestre 1999 — N° d'édition : 11436

La femme en noir

Michel Chevron

1

Cette effroyable histoire débuta véritablement lorsque le Furet fit tinter une cloche dans la petite ville balnéaire de La Bernerie-en-Retz.

En attendant, le jour se levait sur la mer déserte. C'était la Toussaint. Le vent fort de l'Atlantique couchait les cyprès lambert, les tamaris et les arroches marines. Peu de mouettes osaient prendre l'air. Les vagues de la marée montante éclataient sur les rochers verts et brassaient le sable et les cailloux ronds du littoral. L'oncle de Yannick rangea le camion Mercedes sur le parking des Cèdres, face au large. Il baissa la vitre et se tourna vers sa femme :

– Non, Martha, je le répète, c'est une mauvaise idée !

La tante avait la chair de poule. Elle n'était vêtue que d'une robe indienne jaune canari trop légère et chaussée de baskets du même ton. Quelle audace pour une femme de son âge ! pensait son neveu Yannick assis entre les deux adultes. Martha toisa son mari :

– On y est, on y reste, Yves !

– Sûr qu'on n'a pas roulé toute la nuit pour laisser tomber maintenant, appuya Yannick qui contemplait la mer.

Martha jeta un regard de reconnaissance à son neveu. Yves grogna puis se tut, à court d'arguments. L'oncle était un type costaud dont les cheveux drus viraient au gris. Martha déplia une carte de la station balnéaire. Yves descendit de la cabine. Yannick le suivit des yeux. D'énervement, l'oncle tenta d'allumer une cigarette face au vent sans y parvenir. Le garçon reporta les yeux sur la carte et son visage s'éclaira.

– Là ! dit-il en pointant l'index.

Martha acquiesça. Yves remonta dans la cabine. La tante choisit l'apaisement :

– Enfin, tout de même, c'était l'occasion, et ça fera du bien à Yannick cet air vivifiant. Crois-tu que le camion arrivera à passer dans les rues étroites ? demanda-t-elle sur un ton de contrition bien imitée.

Ils s'installèrent après avoir garé le gros Mercedes tant bien que mal. La petite maison, au 2, rue du Rocher-Vert, était couverte d'épaisses tuiles roses. Une grille et une aire de gravier la séparaient de la rue. Yannick escalada vivement la grille. Au-dessus de la porte d'entrée, une plaque émaillée indiquait :

ATTENTION, CHAT GENTIL !

– Enfin, Yannick, j'ai la clef ! Qu'est-ce que les gens vont penser ? rouspéta Martha.

Il y avait peu de monde dehors à l'exception d'un couple de retraités taciturnes, au pas mal assuré, et d'une grande femme en noir tenant une poupée en celluloïd. Personne ne se préoccupait des nouveaux venus à part cette femme immobile, au corps athlétique. Lorsqu'elle avait aperçu Yannick, elle s'était arrêtée pour l'observer avec une fixité étrange. La poupée s'écrasa entre ses doigts quand Yannick franchit la grille. « Qu'est-ce qu'elle croit, se dit le garçon qui l'avait repérée, que je suis un voleur ? » Le vent était tombé. L'inquiétante femme en noir tourna brusquement les talons et s'éloigna en de longues et rapides foulées silencieuses.

Martha, Yves et Yannick visitèrent la maison prêtée par Christian et Corinne Rouelle. Elle se composait de trois petites pièces en rez-de-chaussée. Le séjour s'agrémentait d'une cheminée. Un escalier menait au grenier. Au dos de la maison, un étroit jardin s'étirait jusqu'à une porte derrière laquelle respirait la mer. Sylvain, l'enfant de Corinne et Christian, en photo, souriait sur la cheminée entre un téléphone et un fax.
– Pour griller les steaks, la cheminée c'est cool ! dit Yannick.
Martha secoua la tête.
– Pas question de changer nos habitudes. On n'a besoin que du jardin pour le stockage.

– Ouais, nous continuerons à vivre dans le camion, dit Yves encore grognon.
– À la fin de la semaine, si tout va bien, on devrait pouvoir effectuer une première livraison, assura Martha.

2

Le lendemain de leur arrivée commença la prospection. Martha et Yves démarchaient les particuliers pour les débarrasser, s'ils le souhaitaient, de leurs vieux objets, outils, jouets abîmés, meubles cassés… Yannick pendant ce temps glanait, car la mer dépose un tas de choses sur le sable, la nuit. Plus tard on verrait.

Le premier jour, Martha accompagna Yannick. Elle avait peur que son neveu tombe dans les trous d'eau, s'enlise dans des sables mouvants ou soit emporté par les vagues. Martha avait tort de s'inquiéter, la

mer est ici paisible quand il n'y a pas de vent. Elle ne tend aucun piège. *À ce moment-là, qui aurait pu imaginer que l'horreur viendrait d'ailleurs ?*
La première sortie fut agréable. La combine du bon glaneur c'est d'intervenir juste quand la mer se retire. Des trésors sont mélangés aux algues. C'est du moins ce que prétendait Martha qui est une femme optimiste. À la fin de la matinée la récolte s'avéra modeste. Le butin : trois flacons de crème solaire, dont l'un encore à moitié plein, un éventail plastifié, un cow-boy Playmobil, la prothèse d'un pied articulé que les glaneurs considérèrent en frissonnant. Il y avait aussi quantité de planchettes. Elles provenaient de cageots d'agrumes espagnols, et étaient couvertes de peintures au pochoir délavées par le sel.

– Encadré, ça serait *cute*, s'enthousiasma Martha. Qu'en penses-tu, Yannick ?
Le garçon doutait du bon goût de sa tante, mais reconnaissait que là elle avait peut-être raison.
– Qu'est-ce qu'on fait de la guibolle ?
La tante haussa les épaules.
– On va emporter tout ce fourbi dans le jardin, on triera après. Dis, t'as pas faim, toi ?
Encombrés de leurs découvertes, encore que Yannick n'avait pas voulu se charger de la jambe et l'avait abandonnée à sa tante, ils marchaient en s'enfonçant dans le sable. Yannick salivait en imaginant les frites du tonton. Il les sentait craquer dans sa bouche, chaudes et odorantes. Des mouettes criaient.

À côté du plan d'eau artificiel, Yannick vit un garçon fluet au teint mat, guider un cerf-volant rouge. Une bourrasque soudaine faillit lui arracher le câble des mains. Il se cramponna. Yannick craignit un moment de le voir s'envoler avec. Au lieu de quoi le garçon se mit à courir sur la plage en zigzaguant. Son cerf-volant faisait des sauts brusques dans l'air agité, plongeait pour finalement raser le sable. Yannick le suivait des yeux.

C'est alors qu'il l'aperçut..

La femme en noir se tenait dans l'ombre d'un mur, immobile comme une pierre tombale.

Le Furet n'était pas froussard, mais sa peau se hérissa et il avala sa salive de travers. La femme le regardait d'un air affligé. Cela aurait pu être drôle, cette créature démesurée, accroupie, contrariée, en robe noire serrée à la ceinture par une cartouchière vide. Mais il ne trouva pas motif à se réjouir et détourna le regard.

Les frites étaient croustillantes comme prévu.

– Martha, tu l'as vue cette bonne femme en noir sur la plage ?

L'oncle dit qu'il boirait bien un petit coup pour fêter leur installation. Après tout, cette idée de boutique à approvisionner n'était pas si sotte. Martha lui coula un regard de tendresse. Yves s'empara d'une bouteille de muscadet posée à terre.

– Je me suis pas mal débrouillé, continua-t-il en vissant le tire-bouchon : un bois de lit, une saloperie de lessiveuse étamée, remarquez c'est recherché maintenant, et des babioles. C'est quoi cette histoire de femme en deuil ?

Leur Mercedes garé sur la petite place du Rocher-Vert avait l'auvent relevé. Yannick festoyait, saoulé par la bise atlantique. De vraies vacances malgré la saison. Il se leva pour apercevoir la mer. Dans son dos il entendit sa tante chuchoter :

– Yannick est bizarre depuis quelque temps, Yves. On est à la Toussaint. Peut-être devrions-nous lui parler de son père, de sa mère…

3

Un événement imprévu écourta le repas au grand soulagement de Yannick.

Un fourgon de gendarmerie s'était arrêté à leur hauteur. Deux gendarmes en descendirent. La carrosserie du véhicule administratif brillait sous le soleil d'automne. Le plus jeune des militaires demanda à voir les papiers du Mercedes. L'oncle ne fit pas de commentaire et présenta carte grise et vignette. Pendant ce temps, le gendarme âgé observait le trio de nomades. Pour montrer son insouciance, le Furet grignota une frite froide. Il lui semblait que le jeune militaire conservait les documents trop longtemps. Enfin l'homme alla comparer le numéro de la plaque d'immatriculation avec celui de la carte grise.

– Vous en voulez ? fit Martha en plaçant sèchement une assiette de frites sous le nez du gendarme inquisiteur.

Le militaire réprima un mouvement de recul

– Non merci, madame, pas pendant le service.

Le jeune gendarme rendit les papiers à Yves, poussa son képi sur l'arrière et annonça :

– Quelqu'un a vu le jeune homme enjamber la grille du numéro 2.

Son compère renchérit :

– Quelqu'un vous a vu tous les trois pénétrer au numéro 2.

Sur le front de l'oncle un pli apparut.

– Et qui est ce quelqu'un, si ce n'est pas trop demander ?
– Écoutez, intervint Martha conciliante, la maison nous a été prêtée par des amis, je dois avoir quelque part un papier qui le prouve.
– Moi ce qui m'intéresse c'est le nom du corbeau, revint à la charge Yves. Il toisa tour à tour chacun des militaires qui ne bronchèrent pas et ajouta : La police se plante gravement si elle écoute les délateurs !
Yannick sourit, il voyait la délation en robe noire et cartouchière à la ceinture.
– Jetez donc un œil là-dessus ! siffla Martha en brandissant un mot des Rouelle.

Après le départ de la maréchaussée, l'oncle déclara que pour fêter leur intégration à la vie locale on allait se prendre une demi-journée de repos. Un quart d'heure plus tard ils arpentaient la plage en considérant les villas qui la bordaient. La promenade les emmena au nord, jusqu'à ce que la mer montante les empêche de poursuivre à pied sec.

– Quelquefois j'ai envie de poser ma valise, rêva tout haut Martha en considérant une construction perchée, ceinte de hauts murs.

– Tu parles d'un *sweet home*, dit Yves, on dirait une citadelle !

Un cerf-volant vert jaillit dans le ciel et le garçon du matin déboula comme un fou en coupant la route des promeneurs. L'engin incontrôlable enchaînait une succession de piqués menaçants. Le Furet s'élança.

– Un coup de main ? proposa-t-il en se saisissant du câble.

L'appareil diabolique alternait cabrioles, loopings scélérats, plongeons subits, au terme desquels il se redressait *in extremis* et repartait dans l'azur avec l'arrogance d'une fusée Saturne. Là-haut, l'engin feulait avant d'initialiser un nouvel et ignoble programme.

– Je m'appelle Achille Medour, mais je préfère Achille ! avertit le garçon sans regarder le Furet.

– Tu pourrais couper le câble, cette saloperie irait se perdre en mer.

– Non, j'en fait une affaire d'homme. Ce sera lui ou moi !

Alors Yannick l'aida à dompter Diable Vert.

4

Le Furet passa le reste de l'après-midi avec son nouvel ami sous le soleil pâlissant. Dans l'écume des vagues un chien batifolait en poussant des grognements d'euphorie. Assis sur le sable à côté du cerf-volant vaincu qui frémissait, Achille et Yannick se racontaient leur vie. Achille Medour avait passé la sienne dans un lotissement sur la route de Pornic. C'était le fils unique d'un père immigré algérien. Sa mère française était morte à sa naissance. Il lui devait son prénom. Le garçon consacrait l'essentiel de ses loisirs à la fabrication de cerfs-volants dans le garage du pavillon.

– Mais tu comprends, le vent les rend fous ! dit-il en jetant un regard appuyé à Yannick.

Le Furet parla de lui, expliqua qu'il était orphelin, et que, quelquefois, sa mère lui manquait. Il parla aussi de l'entreprise de récupération d'objets cassés montée avec son oncle et sa tante. Achille ouvrit des yeux émerveillés et déclara :

– Moi aussi, j'aurais adoré être bohémien !

Yannick dit qu'il était plutôt un sédentaire ambulant...

– Quand même ta vie c'est le pied, non ?

Le Furet pensa à Martha et Yves, à ses voyages, à tout ce qu'il avait vécu comme aventures jusqu'à ce jour et convint qu'en effet il n'avait pas à se plaindre.

Le vent se leva qui fit glisser Diable

Vert sur le sable. Yannick regarda le chien qui bondissait à la frange des vagues.

– Il y en a ici qui se moquent de mon nom, fit Achille Medour.

Puis sans transition :

– L'infirmière, je me demande ce qu'elle a aujourd'hui !

– L'infirmière ?

Yannick tourna la tête et il la reconnut immédiatement.

La femme en noir se trouvait à environ dix mètres et *le regardait, lui*... Elle était plantée sur la plage, haute silhouette sombre, incongrue, inquiétante. La voix de Yannick manqua d'assurance :

– Qui est-ce ?

– Oh, une femme qui habite par là.

Yannick avait détourné la tête pour chasser la créature de son champ de vision, mais il sentait maintenant la morsure de son regard sur sa nuque.

– Elle me suit depuis mon arrivée à La Bernerie. Je crois aussi qu'elle a envoyé les gendarmes pour nous empoisonner la vie. Je sais pas ce qu'elle veut…

Il se retourna brusquement. La femme avait disparu.

– Elle est comme ça, super rapide ! dit Achille.

– Et bizarre…

– Sûrement qu'elle est folle, parce qu'il lui arrive de suivre des jeunes sans raison. Ça peut durer des jours et puis ça s'arrête.

– Pourquoi on l'appelle l'infirmière ?

– C'était son boulot, je crois. Les gens disent qu'elle se lave à l'eau de Javel. Ils en ont peur.

– Peur ?

– Elle a des chiens, deux énormes clébards en liberté dans son parc. Il y a aussi ces feux qu'elle allume. Le facteur n'entre jamais chez elle, il a la trouille.

Achille devint rêveur, puis, sans transition, comme à son habitude, déclara :

– J'adore les animaux, je suis spécialiste en coquillages !

– Ah, bon ?

– Ouais, je les collectionne, je te montrerai. Tu veux qu'on en ramasse ? Tu pourrais débuter une collection comme la mienne !

Ils se levèrent. Achille lesta Diable Vert afin de l'empêcher de décoller et récupéra un vieux sac plastique mêlé aux algues. En marchant il jetait des noms : clovisses, bigorneaux, coques, buccins, cônes, trompettes…

– T'es instruit, constata le Furet.

– Plus tard, je serai paléontologiste.

Provision faite, Yannick rentra au campement. Achille l'accompagnait. Le garçon montra les coquillages à son oncle qui soupira :

– Dommage qu'ils soient vides.

Achille visita le Mercedes et fut enthousiasmé par l'installation. Il dit que son père rêvait d'en emménager un pour aller au bled mais que c'était la thune qui manquait. Avant de partir, il promit d'aider Yannick le lendemain au travail de récupération.

Le soir venu, Yannick se dit qu'aujourd'hui avait été une bonne journée et il s'endormit. Cependant l'infirmière lui apparut en rêve au milieu de la nuit. Les yeux de la femme se faisaient tendres.. C'est ce qui l'inquiéta le plus.

5

Le lendemain était un dimanche.

Yves et Martha tiraient les sonnettes au sud de la ville, Achille et Yannick au nord. Quand quelqu'un ouvrait, ce qui n'était pas si fréquent vu le nombre de maisons inoccupées hors saison, ils y allaient de leur petit boniment : ils étaient prêts à emporter les objets inutiles, meubles encombrants ou cassés, et passeraient ensuite le balai ou l'aspirateur s'il le fallait. Tout ça pour gagner quelques francs en revendant le fourbi à un brocanteur, après l'avoir réparé.

En passant devant le cinéma *Jeanne d'Arc*, Achille et Yannick remarquèrent qu'il y avait une séance à quinze heures. Le film projeté était *La Nuit du chasseur*. Achille dit que c'était l'œuvre unique d'un acteur américain appelé Charles Laughton et que vraiment il s'agissait d'un film super cool mais il ne l'avait pas vu.

À dix heures cinq, ils avaient récupéré un recueil de poésies régionales que Yannick glissa dans sa poche, une raquette de tennis, un presse-purée manuel, un nain de jardin que sa propriétaire craignait de se faire enlever, quelques hardes dont un veston de clown blanc, une boîte de biscuits à demi pleine de cure-dents, un pèse-bébé, une perruque poudrée, une trousse à aiguilles, et un os de seiche en parfait état.

– Je me suis éclaté, dit Achille.

À 11 heures les choses se gâtèrent. Un homme au crâne rasé brandit un fusil de chasse et menaça de leur plomber le cul s'ils venaient encore lui pomper l'air. Les sonnettes suivantes restèrent sans écho. À midi ils revinrent bredouilles au camion pour déjeuner. La tante faisait cuire des pâtes, l'oncle se prélassait sur un canapé jaune caca d'oie, au tissu déchiré, posé à même le trottoir. Ils l'aidèrent à le transporter dans le jardin des Rouelle.

– T'as oublié de prévenir ton père ! dit Yannick à son copain qui dévorait les nouilles de la tante.

Martha et Yves échangèrent un regard. Achille haussa les épaules.

– J'espère que vous n'y verrez pas d'inconvénient, dit-il, j'offre le ciné à Yannick, il y a une séance à quinze heures.

– Pour la récup', dit Yannick, demain on mettra les bouchées doubles. Les coquillages, j'ai pensé qu'on pourrait peut-être en faire des colliers, des bracelets, les peindre, ce genre de choses…

– Hum, fit l'oncle.

– Si, excellente idée, les touristes vont en raffoler ! s'enflamma Martha que Yannick trouva vachement progressiste.

Jusqu'à l'heure du film ils glanèrent des coquillages sur la plage. Ensuite ils les lavèrent et les mirent à sécher dans le jardin. Achille voulut passer chez lui avant d'aller au cinéma. Son père était un homme aux cheveux frisés grisonnants. Il considéra longuement Yannick et lui confia qu'il travaillait dans le bâtiment et aurait souhaité que son fils soit fier de lui. Achille entraîna vivement Yannick dans le garage où stationnait son escadrille de cerfs-volants.

Au cinéma, ils choisirent des places dans le milieu de la salle. À la fin de la séance, Achille, impressionné par le film demanda :

– Comment tu ferais si t'avais, comme John Harper, un tueur aux fesses ?

– Pourquoi veux-tu que ça m'arrive ?

– Dans la vie tout peut arriver, je l'ai lu ! affirma Achille.

– Entourée de murs ?
– La citadelle, oui. Eh bien c'est là qu'habite ton infirmière. Vise cette fumée !
La bâtisse était érigée sur la falaise, presque en surplomb. De hauts murs la ceignaient. Un panache de fumée grise s'en élevait que le vent rabattait sur les bouquets de tamaris. De l'endroit où ils se trouvaient, les deux garçons voyaient son toit et la partie supérieure des fenêtres. Yannick frissonna.
La citadelle noire évoquait la folie et la mort...
Aujourd'hui, évidemment, on peut penser que les choses se seraient déroulées différemment si par une impulsion inexplicable, Yannick n'avait proposé :
– Chiche que je demande à l'infirmière si elle a des trucs à balancer ?
Achille devint songeur.

– Pas sûr que ce soit une idée géniale, mais on fait comme tu veux.

– Qu'est-ce qu'on risque ?

Hésitation d'Achille.

– Rien, je pense…

Ils arrivèrent essoufflés à une épaisse porte bardée de métal. Une plaque de cuivre indiquait : *Madame Malifaud Jacquotte*. Les murs de la citadelle étaient hérissés de tessons de bouteilles. Une poignée rouillée pendait à l'extrémité d'une tringle. Yannick la secoua avec l'impression de commettre une grosse connerie.

Oui, c'est bien à ce moment-là que les choses basculèrent !

Et on entendit tinter une cloche.

Achille toussa.

– Dis-le que tu te dégonfles ! fit Yannick tendu.

– Non… mais c'est qu'elle a vraiment une drôle de réputation.

Le vent soufflait ici plus qu'ailleurs et les deux garçons étaient transis. La fumée âcre les enveloppait par moments. Ils sursautèrent en entendant tourner une clef.

– On n'est pas nets, souffla Achille.

V

La porte s'ouvrit lentement.

Un grondement sourd accompagnait l'apparition ténébreuse de l'infirmière dans l'encadrement du portail.

– Voilà, dit Yannick, nous faisons de la récupération dans le coin, alors nous pouvons vous débarrasser de vos affaires hors d'usage. Sans obligation, bien sûr.

– Aucune, renchérit Achille, vous avez le droit de dire non.

– En fait, madame, il doit bien y avoir des choses que vous ne brûlez pas ! ironisa Yannick en s'avançant bravement.

Il y eut un silence pesant au terme duquel le Furet reçut la plus magistrale paire de gifles de toute sa carrière de jeune aventurier. Puis la silhouette noire claqua la porte en crachant :

– Graine de bandit !

Les choses auraient dû en rester là.

À midi, Yannick déjeuna dans la maison du Rocher-Vert en compagnie de Martha. Son oncle finissait de bourrer le Mercedes de tout ce qu'il avait remis en état, un bazar allant du lave-vaisselle au ceinturon de méhariste, en passant par un lot d'antiques futailles fleurant encore le vieux pinard. Achille avait jugé bon de rentrer chez lui. Yannick peinait à terminer sa tranche de jambon. Il avait les joues en feu mais on pouvait aussi mettre cela sur le compte de l'air marin.

– Elle m'a frappé tout de même, disait-il.

– C'est que tu as été impertinent !

– J'aurais dû l'être plus, au moins j'aurais morflé pour quelque chose.

– Mange !

– Pas faim. Cette vieille sorcière m'a coupé l'appétit.

– Ça me déplaît cette idée de te laisser seul deux jours. Si ce n'était Yves qui veut absolument débarrasser le jardin, je remettrais bien ce voyage aux calendes grecques.

– Il faut faire de la place et puis Rennes n'est pas loin.

Yves entra et alla se laver les mains au robinet de la cuisine.

– Mon pote va être content, affirma-t-il en se mettant à table avec un soupir d'aise, je lui apporte de quoi faire tourner son commerce. Il va vendre cette camelote en moins de deux.

À 15 heures Yannick regarda partir son oncle et sa tante. Il leur fit de grands signes d'adieu. Plus tard, le ciel se couvrit et le vent souffla en poussant une plainte lugubre par la cheminée. La pluie s'était mise à tomber. Achille ne revint pas comme il avait promis de le faire. La pluie maintenant battait furieusement les vitres. Impossible de sortir par un temps pareil. Yannick téléphona à son amie Loubia qui habitait Malakoff, en banlieue parisienne.

– Oui ? fit-elle.

– Devine qui t'appelle ?

– Hum, aucune idée.

– Vraiment ?

– Vraiment, assura Loubia.

– C'est Yannick !

– Ça s'écrit comment ?

– Enfin, Loubia…

– J'entends mal à cause du bruit de fond. Je vais couper la communication.
– S'il te plaît, non ! c'est que j'essuie une tempête.
– Mon pauvre Yannick !
– Tu m'as fait peur. Je me demandais ce qui te prenait.
– Je déteste qu'on joue les mystérieux à mes dépens.
– J'ai un cadeau pour toi !
– Qu'est-ce que c'est ?
– Une *boule de neige* avec la figure d'un ange à l'intéricur. Tu la secoues et la neige découvre la tête du diable. Je l'ai trouvée sur la plage.
– Super !
– Ouais, mais finalement j'ai bien envie de la garder.
Ils se renvoyèrent ainsi la balle pendant quelques minutes puis Yannick raccrocha.

Comme souvent sur le littoral, le temps changea rapidement. Dans l'après-midi il fit soleil. « Allons voir ce que la marée nous a apporté ! » décida le Furet. Il passa par le jardin. Quelques planches et des restes de robots domestiques y traînaient encore. La pluie avait mélangé les senteurs végétales et les exhalait comme un avertissement. Les narines de Yannick frémirent. Le garçon ouvrit la porte et considéra l'océan. Brutalement, il sentit un dard brûlant lui perforer le flanc gauche. Il chercha le frelon qui l'avait assailli, mais son mouvement était affreusement lent et insuffisant. Alors il sombra dans un vertigineux trou noir.

8

Yannick avait les paupières collées. Impossible d'ouvrir les yeux. Pourtant, il faisait des efforts incroyables. On aurait dit que sa volonté était frappée d'impuissance. Par contre son odorat fonctionnait parfaitement et son ouïe aussi.

À vue de nez, il était dans un hôpital… Mais alors pourquoi ne percevait-il pas le claquement des portes, le roulement des chariots, la conversation et le pas rapide des infirmières ? Yannick n'entendait que le vent et la mer…

Où se trouvait-il ?

Une pensée terrifiante le glaça : et si c'était ça la mort ?
Cependant il perçut un lointain cliquetis d'assiettes entrechoquées. Le Furet fut submergé par une vague de tendresse. Il aurait pleuré si ses yeux n'avaient été obstinément clos. C'était donc cela, tante Martha s'activait à la cuisine.
Mais pourquoi ses paupières pesaient-elles des tonnes ?
Et la mémoire lui revint.
Un frelon monstrueux l'avait frappé de son dard.
Il s'était évanoui, ensuite Martha et Yves l'avaient recueilli et soigné. Et maintenant, malade, sans doute couché dans un des lits de la maison du chat gentil, il attendait la guérison.
Faux !
Le bruit de vaisselle venait de loin et la

maison des Rouelle était petite. De plus il ne sentait aucun souffle d'air sur sa peau, comme s'il se trouvait confiné dans un lieu hermétique.

Où donc était-il ?

Yannick se concentra sur ce son familier qui évoquait la sécurité du foyer, essaya de se contrôler, mais il fut submergé par la peur.

Le bruit de vaisselle maintenant lui faisait horreur.

Son cœur se mit à battre à grands coups désordonnés. Mais dans le même temps, oh miracle, son corps récupérait. Ses jambes n'étaient plus inertes, absentes. Les muscles recommençaient à jouer.

Il tenta de soulever la jambe droite et y parvint.

Achille appuya son V.T.T. contre la grille du 2, rue du Rocher-Vert. La porte de la petite maison était close et il n'y avait aucun signe de vie à l'intérieur. Où donc était passé Yannick ? Les pneus du Mercedes avaient laissé de belles sculptures cubistes dans la boue du caniveau. Au dernier moment Yannick avait dû décider d'accompagner Yves et Martha… On était en fin de journée. La pluie ne tombait plus. Bientôt le vent aurait séché le paysage et poussé les nuages à l'autre bout du ciel. Achille décida d'expérimenter Diable Blanc.

Yannick posa un pied sur le sol avec un sentiment de triomphe. Ses yeux s'ouvrirent puis se refermèrent à cause de la vive lumière. Le deuxième pied suivit avec difficulté. Sous l'effort une nausée submergea le garçon qui faillit vomir. Une sueur froide emperlait son front. Il resta assis au bord du lit, incertain et essoufflé. La tête lui tournait, mais il serra les lèvres et fit le point : donc, il se trouvait dans une chambre vaste et inconnue, déposé là sans doute après avoir été drogué. Incroyable !

Et pour quelle raison ?

Yannick se leva et tituba jusqu'à la fenêtre. Il ne vit que la mer et l'immense ciel gris. Une clef tourna dans la serrure.

9

Le Furet s'immobilisa. La porte s'ouvrit. La femme en noir entra dans la chambre.

– Qu'est-ce que vous voulez ? articula difficilement Yannick tant sa langue lui paraissait gonflée.

La femme alla vers lui et saisit son poignet. Yannick était trop faible pour résister longtemps. D'ailleurs la femme possédait une force considérable. Avec répulsion il vit sa geôlière lui tâter le pouls. Ses mains étaient dures et froides. La femme sentait le chlore.

– Bien ! souffla-t-elle. Ce soir, crapule, tu seras à la diète, demain on verra.

Après lui avoir jeté un regard aigu, elle tourna les talons et repassa vivement la porte. Yannick entendit la clef tourner sans qu'il puisse tenter quoi que ce soit. Il était épuisé. Quelle poison la folle lui avait-elle administré ?

La mer devenait furieuse sous le ciel sinistre. Yannick leva la main pour ouvrir la fenêtre. Pas de poignée. Ce constat lui causa un choc terrible. Il colla le nez au carreau. En bas glissa un molosse furtif. Ainsi, l'infirmière le retenait prisonnier à l'étage de sa citadelle entourée de hauts murs, et gardée par des fauves à la gueule baveuse, prêts à dévorer l'intrus.

– Vous n'avez pas le droit ! cria-t-il soudain en direction de la porte de chêne massif.

Le jour déclinait. Le vent tomba. Des mouettes battaient mollement des ailes.

Parfois elles piquaient droit sur la mer pour revenir plus tard, gavées, alourdies dans ce qui restait de lumière. Quand il fut las du spectacle, Yannick chercha de quoi briser les carreaux.

La chambre ne comptait que le lit à l'ancienne avec sa grande couverture. Il n'y avait ni chevet, ni table, ni même une chaise, seulement un lavabo, un W.-C. à la turque et un balai de paille sans manche. Rien que Yannick puisse projeter contre les vitres… Le garçon serra les poings. *La femme en noir avait prémédité son forfait.*

Achille rabattit Diable Blanc qui se posa délicatement sur le sable. C'était un modèle tout simple qu'au Maghreb on appelle « Capucin ». Il lui avait apporté d'énormes satisfactions. La nuit allait tomber. Le garçon rangea son matériel et prit le chemin du retour. Cependant, au lieu de filer directement chez lui, il dépassa le plan d'eau artificiel et continua sur la promenade Wilson. Le rivage était désert. Les premières ombres arrivaient. Achille quitta la promenade et foula bientôt l'écume et le fucus. Il tenait à jeter un œil sur la maison de Yannick avant de rentrer chez lui.

Achille alluma sa torche électrique. Le faisceau balaya des maisonnettes chaulées de frais, des appentis gauchis, l'embryon d'un trottoir cimenté qui s'enlisait déjà, un garde-fou rongé par le sel et quelques portes vermoulues dissimulant des jardins secrets.

Celle du chat gentil était ouverte.

Hésitant, il pénétra dans le jardin. Des arbustes dégouttèrent sur son cou. Il trébucha sur une jambe articulée et jura. Le panneau vitré de la véranda était ouvert. À l'intérieur il faisait noir. Préoccupé, il revint sur ses pas. En sortant il tira soigneusement la porte et marcha sur un objet crissant. Il braqua sa torche : c'était une seringue à l'aiguille tordue.

Après avoir donné des coups de pieds contre la porte de chêne sans autre résultat que de se meurtrir le gros orteil, Yannick s'était mis à crier : « Au secours ! à l'assassin ! » Plus tard, il s'était endormi habillé, en chien de fusil, sous une couverture. Pour la première fois sa force et son astuce ne lui étaient d'aucun secours. Le Furet avait été mené par le bout du nez. Il était prisonnier d'une créature qui ne laissait rien au hasard.

10

L'âcre odeur de fumée et les aboiements le réveillèrent. Une blanche lumière matinale entrait dans la chambre. Yannick rejeta la couverture et gagna la fenêtre. Il colla sa joue à la vitre froide. Son haleine la couvrit de buée qu'il effaça du doigt. Sur la gauche il vit un feu autour duquel se pourchassaient deux molosses surexcités. Une fumée noire, tourbillonnante, s'élevait du brasier. Des mouettes intriguées planaient comme des vautours. Pas de femme en noir…

Elle devait être au flanc de la baraque occupée à préparer les aliments pour son feu d'enfer. « *Mais quels aliments ?* » se dit le Furet. Une brusque nausée lui souleva le cœur. Il se précipita vers le lavabo mais ne vomit pas. Alors il aspergea d'eau son visage. La clef tourna bruyamment dans la serrure. Le garçon se retourna vivement. La femme en noir pénétra dans la chambre avec un plateau-repas qu'elle alla poser sur le lit. La porte était restée entrouverte. Yannick calcula ses chances.

– Tu n'es pas stupide au point d'essayer de t'enfuir, prévint la femme, mes chiens ne feraient qu'une bouchée de toi.

Elle avait raison. Tout de même les maudits clébards étaient loin, dans le parc. S'il bondissait et parvenait à refermer la porte sur la femme en noir, peut-être atteindrait-il un téléphone dans la maison…

– Les chiens viennent de rentrer, ils mangent dans la cuisine, avertit sa geôlière

comme si elle avait lu dans ses pensées. Bon, mon *chéri*, toi aussi tu vas te nourrir, après nous parlerons !
Elle repartit sans que le Furet tente quoi que ce soit. De nouveau le fracas de la porte verrouillée. Le repas était frugal : morceau de gruyère et tranche de pain. Yannick aurait préféré un bol de chocolat et des tartines beurrées. Mais il commençait à avoir des crampes d'estomac, alors il mordit le pain qui était dur. Plus tard il somnola.

En ouvrant les yeux, Yannick découvrit la femme en noir dans la chambre... *Ainsi elle était capable d'entrer et de se déplacer sans le moindre bruit.*
Il ne l'avait jamais examinée avec autant d'attention. C'était une femme au corps massif qu'on devinait musclé, comme celui des lanceuses de javelot.

– J’ai une révélation qui va te faire énormément plaisir, mon petit ! assura la femme en noir.

Elle s’assit à côté de lui. La couche gémit. Yannick eut un mouvement de recul. Elle reprit :

– Je suis ta maman.

Le garçon sentit une rage obscure monter en lui. Il la contint, et, le plus calmement possible, articula :

– Pardon ?

– *Tu es mon bébé...*

L’esprit en déroute, il cherchait vainement quoi opposer à la folie de la créature.

– Je t’ai choisi entre tous pour que tu sois sauvé, reprit la femme en noir.

– C’est nul, se rebella Yannick.

La femme le contemplait d’un air extasié.

– J’ai faim, dit le Furet pour rompre

l'insupportable tension. Vous me laissez crever de faim !

Aussitôt des larmes se mirent à couler sur les joues de la femme en noir.

– Mon pauvre bébé, où ai-je la tête ?

Et elle se mit à dégrafer le devant de sa robe.

– *Mon bébé va téter le bon lait de sa maman.*

Yannick resta bouche bée devant l'inconcevable. Dehors, le vent furieux molestait les arbres et arracha une tuile à la toiture de la citadelle.

– Vous êtes folle à lier, hurla soudain Yannick en se dressant pâle comme un mort.

Après quelques secondes d'hébétude, un éclat meurtrier passa dans le regard de la femme en noir. Yannick crut qu'elle allait le frapper. Il se mit en garde, les poings en avant. Mais le reflet haineux s'éteignit et la femme hocha la tête comme ferait le maître d'école horriblement affecté par l'impertinence d'un élève.

– Il est grand temps de te reprendre en main, mon pauvre petit, finit-elle par laisser tomber en se réajustant. Cet après-midi nous commencerons la rééducation.

– Quelle rééducation ?

Sans daigner répondre, la femme en noir se leva et sortit, visage sibyllin.

11

Il était douze heures quarante-cinq. Yannick attendait le retour de la femme en noir ; il avait faim. Dans le ciel, de petits nuages pommelés faisaient la course. Quelques tisons rougeoyaient à l'emplacement du brasier quand le vent soufflait plus fort. Le Furet avait passé la matinée à explorer minutieusement sa prison. Il s'en était pris au lit, arrachant draps, couvertures, matelas, de façon à vérifier si les traverses supportant le sommier étaient démontables et pouvaient lui permettre de casser les vitres. Négatif, les planches étaient clouées. Il avait pensé ôter l'abattant des W.-C. mais les deux vis qui le fixaient étaient rouillées. D'autres idées plus folles les unes que les autres l'avaient effleuré, comme celle d'obstruer l'évacuation du lavabo et d'ouvrir grand le robinet de manière à provoquer une inondation. Ou bien encore d'enlever l'ampoule qui pendait du plafond, puis faire se toucher les deux fils pour obtenir un court-circuit qui foutrait le feu à la baraque… Stupide : dans ce dernier cas il avait toutes les chances de périr dans le sinistre.

Subitement, Yannick devina, *à une imperceptible modification de l'air,* que la femme en noir approchait. Il colla son oreille à la porte et perçut un infime craquement des marches d'escalier. Elle montait vite… Il s'éloigna de la porte et aussitôt la clef tourna dans la serrure.

– As-tu été sage ? demanda la femme en noir.

Le Furet resta silencieux. Il se contenta de jeter un regard impassible à sa geôlière.

– Je t'ai posé une question.

Le garçon détourna la tête ostensiblement.

– Petite racaille, souffla la femme en noir, mauvais fils, ah, c'est comme ça !

– J'ai faim ! dit Yannick en regrettant aussitôt.

Mais la folle fouilla son ample poche et en sortit un petit livre ancien cartonné, une feuille de papier et un stylo-feutre qu'elle posa sur le lit.

– Tu es l'esclave de tes sens comme une bête. Si tu veux manger, apprends par cœur le premier chapitre de cet ouvrage édifiant et aide-toi en prenant des notes !

Elle repartit. Yannick, l'estomac dans les talons, considéra le titre du bouquin :

LA PREMIÈRE ANNÉE D'INSTRUCTION MORALE ET CIVIQUE

LEÇONS TRÈS SIMPLES
RÉCITS ATTACHANTS

Le garçon bouillait de rage, mais comment venir à bout de cette grande et robuste carcasse de femme par la force ? Il allait jouer le jeu, on verrait bien, après tout il fallait survivre. L'ouvrage, qui datait de 1899, était divisé en chapitres contenant des règles morales numérotées. Le premier chapitre concernait la famille.

Lorsque la femme en noir revint une heure plus tard, la rage de Yannick était tombée. Il avait fini par s'amuser du caractère désuet et lourdement sentencieux d'un enseignement datant du siècle dernier.

– Voyons, dit la femme en noir, quel est le précepte numéro 3 ?
Yannick retint un sourire et récita :
– « *Je dois obéir à mes parents. Ne pas discuter avec eux. On discute avec des égaux, non avec ses père et mère.* »
– Bien, et le 4 ?
– « *La loi consacre l'autorité des parents en leur donnant le droit de punir.* »
– Je suis satisfaite de toi, affirma la femme, il est possible que tu sois moins malade moralement que je ne le craignais. Alors je vais me montrer magnanime en te permettant de descendre déjeuner à la cuisine.

12

Yannick avala la dernière bouchée. Le repas avait été copieux, bien que mal cuisiné, en comparaison de ceux de sa tante Martha. Un des pitbulls était assis dans la cuisine et ne quittait pas le garçon du regard. L'autre patrouillait dans le parc. La femme en noir vaquait à quelque obscure occupation dans une pièce attenante ; Yannick l'entendait traîner des cartons. Le garçon jeta une bouchée de pain au chien qui ne broncha pas. Il pouvait être trois heures de l'après-midi, mais l'horloge indiquait une heure fantaisiste malgré l'oscillation régulière et monotone de son balancier. Yannick balança au fauve le gras du jambon. L'animal le renifla d'une truffe écœurée, avec une expression qui semblait dire : À moi, mon petit gars, on ne la fait pas !

La femme en noir traversa la cuisine avec des cartons qu'elle porta dehors. Profitant de la porte ouverte, le pitbull patrouilleur s'introduisit dans la pièce. Il tourna en grondant autour de Yannick immobile sur sa chaise. Les ergots de l'animal claquèrent sur le carrelage lorsqu'il alla fureter du côté de la poubelle. Le Furet regarda la porte, mais conclut à l'impossibilité de franchir le barrage du chien assis. Et même s'il y parvenait, comment affronter ensuite dans des conditions favorables la femme en noir ?

Achille ressortit dépité de la gendarmerie. Puisqu'on ne croyait pas à l'enlèvement de son ami, qu'on avait même ri de lui, il allait commencer l'enquête personnellement. « Pas besoin de tourner autour du pot, se dit-il, la disparition de Yannick est liée aux manigances de l'infirmière ; ce qu'il faut c'est que j'arrive à jeter un coup d'œil par-dessus les murs de la citadelle. » Sur le flanc sud de la bâtisse, il escalada les basses branches d'un pin. L'entreprise lui valut de se poisser la main de fiente fraîche et de s'écorcher les genoux. Mais il s'éleva de cinq mètres environ. À cette altitude on domine le paysage. Achille examina le domaine de la femme en noir.

Le pitbull assis ouvrit la gueule, se pourlécha les babines et boulotta le gras de jambon jeté par Yannick. L'autre chien avait soulevé le couvercle de la poubelle et du mufle en fouillait le contenu. La femme en noir rentra et ferma la porte.

– J'ai encore des ordures à trier là-haut, fit-elle à l'intention de Yannick. Je suppose que je peux te laisser, tu es en bonne compagnie ?

Le Furet considéra les deux fauves et opina du bonnet. La femme disparut. Le garçon jeta un regard en direction de la poubelle dans laquelle le molosse fouissait fébrilement. Rassuré, le Furet tendit doucement la main vers le chien assis. Celui-ci frémit. Yannick arrêta son geste. Le front de l'animal se plissa et il émit un grognement d'incertitude. L'autre, abandonnant la poubelle, vint se rendre compte. Le Furet gardait le bras tendu parfaitement immobile. Il sentit la sueur couler le long de son échine quand le molosse à la gueule souillée le renifla. Ensuite, les deux animaux pointèrent leur mufle l'un vers l'autre et échangèrent un long et terrible regard. Le mangeur de jambon grogna une appréciation. Son compagnon repartit vers la poubelle.

Achille se trouvait maintenant à hauteur de l'étage de la maison. Sept, huit mètres l'en séparaient, pas plus. À un moment, son attention fut détournée par une pie arrogante qui se posa au-dessus de lui dans l'arbre. La main encore collante de fiente, il changea de position, fit un faux mouvement, bascula de son perchoir et se rattrapa de justesse à une maîtresse branche. La pie considéra le garçon accroché comme un singe et se mit à chanter. En se balançant, Achille parvint à saisir le tronc de ses jambes et à se rétablir. Les mains lui faisaient mal. Il entendit qu'on ouvrait une fenêtre.

Il tourna la tête et rencontra le regard de la femme en noir qui brillait d'une effroyable intensité.
Une peur insupportable l'envahit. Il dégringola de l'arbre, se meurtrissant les membres et le visage, se reçut sans ménagement, et courut comme un fou en jetant derrière lui des regards paniqués.

13

Le Furet vit immédiatement que la femme en noir était très, très mécontente. Elle le scruta longuement comme pour déchiffrer en lui un secret. Un fracas la fit se retourner. Le molosse s'extrayait de la poubelle. Lorsqu'il vit sa maîtresse, il s'aplatit au sol et se mit à ramper. La femme poussa un cri de rage, saisit avec rapidité la bête au garrot et se mit à le frapper. De durs et violents coups de poing sur tout le corps. L'animal geignait en tentant de se soustraire à la poigne qui le maintenait.

– Vilain bébé, ah ! le vilain bébé qui a encore fait ses cochonneries ! criait la femme alors que des flancs et de la truffe du pitbull coulait le sang. Vilain bébé, cabot infect, clébard merdeux !

Yannick fit des vœux pour qu'un commando d'inspecteurs de la S.P.A. fasse irruption et se saisisse de la tortionnaire. Le calvaire de l'animal ne cessa qu'après qu'il eut reçu un coup de pied au ventre l'expédiant à l'autre bout de la pièce, près de Yannick.

La femme alla à l'évier en maugréant, ouvrit le robinet et rinça ses poings rougis. Le Furet s'accroupit tout en surveillant la femme qui lui tournait le dos. Il caressa la tête du gros chien martyrisé couché sur le flanc. Des frissons parcoururent la peau de l'animal dont les yeux injectés de sang se levèrent sur le garçon. La femme essuya ses mains sur sa robe. Yannick se redressa.

– Mon petit chéri va aller faire un gros dodo maintenant, dit la femme.
Yannick se demanda si elle parlait de lui ou bien du chien blessé. Elle continua :
– Mon petit chéri va apprendre le précepte 40 avant de s'endormir.
– Pourquoi ? ne put s'empêcher de questionner Yannick.
– Parce que mon petit chéri a pour camarade un ignoble rôdeur. *J'ai vu le sale rôdeur !* hurla soudain la femme qui ne se contrôlait plus, allez, file !

Le Furet gravit l'escalier, se demandant à quoi diable pouvait faire allusion sa geôlière. Sous sa couverture il ouvrit le manuel d'instruction morale et lut le précepte 40.
« Fuyez les mauvais camarades : ceux qui ne respectent ni leur père ni leur mère, les menteurs, les hypocrites, les envieux, les

égoïstes, les lâches qui maltraitent les faibles, les mal élevés qui emploient des mots grossiers, les vicieux qui commettent des actions déshonnêtes. La compagnie des méchants nous gâte. »

– Ça alors, dit Yannick tout haut, ça prouve bien qu'elle est complètement secouée cette bonne femme !

Et le garçon enfoui dans sa couverture se mit à rire. Un rire irrépressible, plein de larmes, un vrai rire de joie, d'autant qu'il savait maintenant qu'Achille n'était pas loin. Peu après il s'endormit.

Mais il se réveilla brusquement au milieu de la nuit. Un réveil terrifiant. Il était en sueur.

Yannick se sentait en danger...

La maison paraissait silencieuse. La femme était-elle dans sa chambre ? Ailleurs ? Il frissonna. Sa geôlière dormait ! Oui, sûrement, elle dormait. Personne ne peut se passer de sommeil, n'est-ce pas ? Le Furet se leva silencieusement. Le ciel et la mer étaient couleur d'encre, confondus. Seule s'allumait parfois une frange d'écume. Quelques rares lumières, irisées par la distance et l'humidité, étoilaient la nuit de La Bernerie. Nul vent marin. L'univers retenait son souffle.

Le Furet se savait maintenant en grand danger...

Il prêta l'oreille au silence, à l'inconnu. Quelque chose tapait à intervalles réguliers. Ça se passait en lui. C'était son cœur !

La femme était là...

Les yeux de Yannick parcoururent la pénombre de la chambre. Rien n'y bougeait.

Elle était là, quelque part...

Où ?

Pas loin...

Yannick chercha une arme. Il n'avait que ses poings. Alors il distingua le balai sans manche dans un coin. Dérisoire. Pourtant il devait se sortir de ce mauvais pas.

La femme allait le tuer...

Il considéra de nouveau le balai, réprima une exclamation. Un plan germait dans son cerveau.

14

Le restant de la nuit, après s'être remémoré la leçon d'Achille, Yannick entreprit la construction d'un cerf-volant. Voilà l'idée qui allait le sauver. Il reprenait le dessus, redevenait maître de lui. Une joie intense le submergea.

Pour les membrures il arracha deux brins épais et lisses à la paille du balai. Ensuite, il décousit l'ourlet de sa couverture. C'était le fil qui l'intéressait. Il s'en servit pour lier en croix les deux brins de paille. Le garçon s'arrêtait parfois et tendait l'oreille aux bruits extérieurs, puis reprenait son labeur.

Le tissu des rideaux pliés à l'intérieur du placard mural ferait office de voilure. Alors que le jour commençait à poindre, il perçut le son étouffé de pas gravissant l'escalier. Aussitôt le garçon remit en place le balai, dissimula la carcasse du cerf-volant sous le lit, puis s'enroula dans la couverture et ferma les yeux. Se rappelant l'ourlet arraché, dans un sursaut, il camoufla les bords de la couverture sous lui.
La clef tourna. La porte s'ouvrit. Entre ses cils, Yannick distingua la sombre silhouette de sa geôlière. La femme se déplaçait silencieusement comme à son habitude. Le garçon éprouvait un sentiment de crainte mais l'horreur avait disparu.

La femme en noir se planta au milieu de la pièce et observa son prisonnier. Les paupières de Yannick étaient scellées. Il tentait de donner à sa respiration le rythme régulier du sommeil. Au bout d'un instant la femme se dirigea vers la fenêtre. Yannick entrouvrit les yeux.

– Petit malin, tu voulais tromper maman ?

Yannick ne dit rien. Son regard ne se cachait plus. Une aube grise donnait du relief à toute chose. L'infirmière, à contre-jour, traits invisibles, ne semblait pas attendre de réponse.

– Tu as gigoté toute la nuit, poursuivit-elle. Je me demande ce que tu manigances. Au début j'ai été tentée de *te calmer* (elle rit, mais ça n'avait rien d'agréable). J'ai même eu envie de te calmer complètement avant que des idées séditieuses ne germent dans ta petite caboche de bandit !

Yannick frémit. Ainsi c'étaient les intentions meurtrières de la femme en noir qui

l'avaient réveillé au milieu de la nuit... *L'intensité de ses intentions meurtrières...* « On est au troisième jour, calcula Yannick. Martha et Yves vont rentrer de Rennes demain en principe. Ensuite, combien de temps s'écoulera-t-il avant qu'Achille ne les rencontre et qu'ils interviennent ? »
Beaucoup trop de temps.

Le Furet avait maintenant l'intime conviction qu'une troisième nuit dans la citadelle lui serait fatale. Il fallait qu'il s'en sorte par ses propres moyens, qu'il mène son projet à terme aujourd'hui même. Oui, aujourd'hui ou jamais...
– Pas de doute, bandit, tu manigances ! reprit la femme en noir qui se mit à fureter comme un chien de chasse sur un garenne.

Son regard virevoltait pendant qu'elle allait de droite et de gauche, cou démanché, narines palpitantes. Ses doigts effleuraient les murs, le mobilier. Elle finit par s'arrêter près du lit. Le garçon frissonna mais ne détourna pas les yeux quand la femme plongea son regard dans le sien.

La folie était dans les prunelles de la femme.

Yannick y voyait une fureur incandescente et douloureuse. Comme si un hôte malfaisant palpitait de rage à l'intérieur de la geôlière. L'être mauvais qui habitait la géante considéra Yannick. Puis la démence s'éteignit progressivement dans un regard qui devint jaune, rusé, aigu.

Et la femme se baissa.

Elle tendit une main sous le lit sans que son regard de chacal ne quitte celui de

Yannick. Dehors, les pitbulls se mirent soudain à aboyer. La femme interrompit son geste, se releva vivement et bondit vers la porte.

Le Furet l'entendit dévaler l'escalier.

15

Yannick, collé à la fenêtre, observait la femme en noir.
Elle avait ouvert la porte de son domaine et scrutait l'extérieur tout en retenant ses chiens qui aboyaient férocement.
Ils ont senti Achille, mais il a dû filer ! se dit Yannick avec émotion. Le garçon passa une main dans ses cheveux en bataille. Où planquer ce foutu cerf-volant que la folle avait failli découvrir ? Il n'y avait pas de cachette sûre.
La femme en noir n'avait pas verrouillé la porte de la chambre... Était-elle donc si

persuadée qu'il ne tenterait rien pour s'échapper ? Derrière la vitre, Yannick vit que sa geôlière refermait la lourde porte de la citadelle. Ensuite elle réunit de quoi allumer un feu. Le garçon sentit l'adrénaline lui fouetter le sang. L'occasion était unique. Il bondit vers la porte.

Les marches de l'escalier craquèrent sous ses pas. Dans la cuisine, sans hésitation, il décrocha le téléphone et composa le numéro de Loubia.

– Loulou chérie, décroche s'il te plaît ! murmura-t-il.

Loubia décrocha à la quatrième sonnerie. Dehors on entendait les chiens courir sur le gravier de l'allée. La fenêtre ne permettait pas de voir ce que faisait leur maîtresse. Yannick débita d'une voix contenue :

– Loubia, ne m'interromps pas. Renseigne-toi sur une femme qui s'appelle Jacquotte

Malifaud, vraisemblablement elle était infirmière à Nantes, j'ai besoin de savoir ce qui lui est arrivé il y a quelques années. Et puis, préviens les flics !

– Pourquoi ?

– Parce que je…

Les graviers crissèrent à peine. Et ce n'était pas sous des ergots canins. La silhouette de la géante masqua le jour en passant devant la fenêtre. Yannick raccrocha doucement sans avoir pu terminer sa phrase. Une idée le traversa et sur la table il vola une fourchette. La femme était déjà à la porte. Le garçon bondit vers l'escalier qu'il gravit quatre à quatre. Il entendit que sa geôlière pénétrait dans la cuisine et ouvrait un tiroir. « Elle est venue chercher des allumettes pour son feu », pensa-t-il. L'ampoule de l'escalier s'alluma, mais il était dans la chambre. Quelle dérision, sa prison était devenue un refuge !

Il glissa la fourchette sous la couverture et reprit son souffle. La porte s'ouvrit. Elle a grimpé l'escalier comme un félin géant ! admira Yannick. Silence et puissance… La femme en noir lui jeta un regard vif, sans pénétrer dans la chambre qu'elle referma à clef.

Plus tard, le vent rabattit de la fumée. Le Furet avait terminé le cerf-volant. Voilà, c'était le grand moment !

Il ouvrit la fenêtre en se servant des dents de la fourchette.

Il se pencha. Le feu était hors de vue, au flanc de la maison. Yannick parut satisfait. Il arracha une page au manuel d'instruction morale. Elle disait que *le vol est puni de travaux forcés à perpétuité s'il a lieu la nuit ou sur un chemin public. Que la peine est toujours plus grave quand le vol a été commis par un domestique, ouvrier ou individu travaillant habituellement dans l'habitation.*

Yannick prit le stylo-feutre, réfléchit, et écrivit en majuscules sur cette morale. Ensuite il tira le cerf-volant de sa cachette. Il tendit l'oreille au feu qui crépitait, puis enroula la page rédigée autour du pontet et la fixa avec du fil. Il noua le câble de retenue constitué de trois fils. Après avoir vérifié que la femme en noir n'était pas en vue, Yannick présenta le cerf-volant devant la fenêtre grande ouverte, face au vent comme Achille lui avait expliqué qu'on faisait. En principe, la force du vent devait soulever l'engin et le porter en altitude, en tout cas suffisamment haut pour lui permettre de franchir le mur d'enceinte.

Cependant, les chiens qui patrouillaient les avaient remarqués, lui et son engin, dans le cadre de la fenêtre ouverte. Intrigués, ils observaient, mais s'abstenaient d'aboyer. De la main gauche Yannick lança le cerf-volant contre le vent. L'engin piqua du nez aussitôt et se serait fracassé au sol si le garçon n'avait, de la main droite, tiré vivement le câble. À présent, le cerf-volant se balançait à deux mètres au-dessus de l'allée de graviers. Yannick le hissa pour le mettre hors de portée des chiens qui s'étaient approchés et bavaient de convoitise. L'oiseau bizarre aurait été à leur goût.

À la deuxième tentative, le cerf-volant partit à l'horizontale, s'éleva brutalement de quelques mètres, puis amorça une gracieuse descente. Yannick faillit pousser un hurlement de joie et lâcha le câble pour libérer son messager. Le garçon pâlit soudain lorsqu'il vit que l'engin allait percuter le mur d'enceinte. Le cerf-volant se contenta de le frôler pour disparaître de l'autre côté. Le câble de retenue à la traîne glissa sur le faîte du mur, s'effilochant au contact des tessons de bouteille. Les chiens excités sautèrent sans parvenir à s'en emparer. Enfin, l'extrémité du câble disparut elle aussi.

Yannick referma la fenêtre, mit la fourchette dans sa poche, et poussa un énorme soupir. Dehors, la femme en noir invectivait les pitbulls qui bondissaient comme des diables le long du mur d'enceinte.

16

La femme en noir termina l'inspection commencée au matin. Elle chercha d'abord sous le lit et se releva dépitée. Mais lorsqu'elle constata la disparition du rideau ainsi que celle de l'ourlet de couverture, elle entra dans une rage folle.

La mer fouettait la côte. Le vent soulevait le sable qui allait crépiter sur les façades des maisons côtières. Un véliplanchiste téméraire disparut au large. On ne retrouva ni son corps ni son matériel. Les bateaux dansaient comme des bouchons sur la côte de Jade.

Une rafale de vent déporta un camion Mercedes venant de Rennes. Le véhicule s'ensabla sur la bande d'urgence déficiente et un de ses pneus éclata. Ses occupants, Yves et Martha, entreprirent de réparer.

Achille avait décidé de prendre d'assaut la citadelle par la mer. C'était le côté le moins défendu, l'angle d'attaque intelligent. Il suffisait d'attendre que l'eau soit au plus bas et faire gaffe aux rochers glissants. Achille se coltinait un sac à dos contenant son téléphone portable, des boulettes de viande, et un grappin au bout d'un long filin de nylon.
Il faillit ne pas voir l'aile du cerf-volant qui dépassait à peine des arroches marines. Mais le vent flancha et l'aile de tissu se rabattit. Ce mouvement attira l'œil du garçon qui pensa à une page de journal abandonné. Mais c'était d'un cerf-volant qu'il s'agissait. Oh, un truc

grossier qui méritait à peine le nom de cerf-volant. Pas étonnant qu'on s'en soit débarrassé. Achille poursuivit sa route.

Yves jura parce que la roue de secours était dégonflée. Martha dit qu'un homme vraiment digne de ce nom savait entretenir son véhicule, que Yannick les attendait et allait s'inquiéter.

Achille rebroussa chemin : lorsqu'un spécialiste de son calibre passe à proximité d'une épave de cerf-volant, son devoir est de l'examiner soigneusement. Et il découvrit le message de Yannick :

MERCREDI MATIN

ACHILLE, SI TU TROUVES CE MESSAGE, CE SOIR À LA NUIT TOMBANTE LANCE UNE CORDE PAR-DESSUS LE MUR EXPOSÉ AU SOLEIL

LEVANT (CELUI DE LA PORTE D'ENTRÉE). JE TE REJOINDRAI.
TON COPAIN YANNICK QUI COMPTE SUR TOI.

Yannick était allongé sur le lit, immobile, paralysé par une camisole de force. La femme en noir lui avait dit que c'était ça ou la piqûre, qu'elle était vraiment très très déçue par le comportement de son bébé, un bébé en qui elle avait pourtant mis tous ses espoirs.
Elle ajouta qu'il allait bien falloir prendre une décision...
Et puis elle était partie en laissant la porte ouverte. À quoi bon les précautions dorénavant ?
Le jour déclinait. Dans une heure la nuit serait tombée. Yannick, bras croisés sur la poitrine et mains liées dans le dos, voyait par la fenêtre des mouettes planer

lourdement. Le soleil couchant festonnait leurs ventres de dorures sanglantes. L'obscurité prit lentement possession de la chambre. Yannick regarda mourir le jour.

17

Sous l'œil ironique de Martha, Yves fit du stop avec sa roue dégonflée. Un poids lourd le prit et le déposa sur l'aire de service d'une station-essence, où il dut attendre une demi-heure qu'on veuille bien s'occuper de lui. Lorsque, enfin, il regagna le Mercedes, la nuit était tombée et Martha endormie. Yves leva les yeux au ciel et vit les feux de position clignotants d'un avion de ligne.

Yannick voyait les feux de position de ce même avion de ligne. Il bougea un peu.

Un tout petit peu seulement car la femme en noir lui avait également passé autour du cou un nœud coulant tendu par le montant du lit. Ses pieds aussi étaient entravés. La femme en noir faisait de la cuisine en bas. De bonnes odeurs montaient. Yannick se prit à saliver malgré sa situation déplorable. Il entendit que la femme donnait à manger aux pitbulls. Après avoir lapé le contenu de son écuelle, un chien gravit l'escalier en grondant. Ses ergots claquaient sur les marches de bois. Yannick sentit sa chair se hérisser et pria pour que la bête qui venait fût celle à la tache près de l'œil. La femme cria :

– T'as raison, dévore le méchant bébé !

Les ergots du chien griffaient les marches. La femme en noir riait follement. Yannick rentra la tête dans les épaules.

Achille jeta le filin de nylon, réussissant du premier coup à le faire passer par-dessus le mur.

Le chien qui fit irruption dans la chambre avait une tache près de l'œil.

Achille laissa couler une bonne longueur de filin à l'intérieur de la citadelle. Il accrocha ensuite le grappin à l'arbre qui lui avait servi d'observatoire et attendit.

Le chien taché posa les pattes de devant sur la poitrine du Furet et le renifla avec intérêt.

– Tout doux, tout doux mon vieux, murmura Yannick.

La femme en noir lavait la vaisselle en parlant à l'autre pitbull. Yannick bougea. Le chien le mordilla à la poitrine. En vérité, il

pinça la camisole sans méchanceté, par jeu. Yannick bougea encore, le chien le mordit de nouveau, puis lui lécha le visage. La langue de la bête râpa le nez du garçon, qui éternua. Après quoi, Yannick bougea tant qu'il put. Le chien mordait, se faisait les dents sur l'étoffe avec un plaisir sans égal.
– Tout doux, mon vieux, répétait le garçon.
Alors le chien taché revenait le débarbouiller. Yannick pinçait le nez pour ne pas éternuer et tendait l'oreille aux bruits du bas. À un moment, il réussit à se tourner d'un quart de tour et bougea les poignets. Le chien s'attaqua immédiatement aux liens qui les maintenaient. La femme en noir cria :
– Gracieux, as-tu dévoré le sale bébé ?
Le chien taché répondit par un bref aboiement, moitié plaisir moitié effroi, et il reprit sa besogne sur les liens de Yannick.

Yves manœuvra et rangea le Mercedes rue du Rocher-Vert. Martha tendit le cou. La maison était sombre, silencieuse. Martha eut un pressentiment. Elle sauta à terre et courut vers la maison. Un malheur était arrivé à son Yannick ! Pourquoi l'avait-elle laissé seul ?

Cinq minutes plus tard, la mort dans l'âme, Martha et Yves se rendaient à la gendarmerie.

Yannick se débarrassa des liens. Ses poignets étaient libres mais ensanglantés. En se contorsionnant, il se dégagea de la camisole de force pendant que le chien taché lui mordillait frénétiquement le torse.

– Doucement, doucement, brave bête !

Le garçon desserra le nœud coulant autour de sa gorge et libéra ses pieds. Le chien faisait des bonds de joie dans la chambre.

Yannick se leva pour fermer la porte, mais, ankylosé, faillit tomber et attendit que le sang circule normalement. Ensuite, il tira la porte doucement et la bloqua comme il put avec la fourchette en guise de cale. Le plus difficile fut d'ouvrir la fenêtre sans qu'elle craque. Il noua une manche de la camisole à la barre d'appui.

Achille grimpa à l'arbre. Une lumière éclairait un plan de gravier. Rien d'autre n'était visible. Si ! Une silhouette sombre apparut à la fenêtre de l'étage et se laissa glisser le long de la façade. Était-ce bien Yannick ?

Achille secoua son filin pour le rendre visible.

18

Yannick se balançait dans le vide, au bout de la camisole de force. Il lui manquait peut-être quatre mètres pour que ses pieds touchent le sol, c'était difficile à apprécier. Un morceau de lune diffusait sa clarté laiteuse sur la campagne. La mer s'était apaisée et respirait calmement.

Soudain un hurlement, à glacer le sang, poussé par la femme en noir, déchira la nuit.

Yannick leva la tête. Par la fenêtre, Gracieux le regardait en gémissant. Le vent tiède avait séché la sueur qui coulait au front du garçon. Contre le mur d'enceinte, Yannick vit bouger une corde. Brave Achille qui avait découvert son message ! Dans la chambre la porte vola en éclats.

– Traître, hurla la femme en noir, t'as laissé s'échapper la graine de bandit !

Gracieux aboya de douleur sous les coups. Avant de se laisser tomber, Yannick leva la tête une dernière fois. Deux faces haineuses l'observaient, l'une de la femme en noir, l'autre de Chérubin ; leurs mâchoires ouvertes laissaient couler une mauvaise bave. Yannick se reçut en souplesse et fit un roulé-boulé dans le gravier. Aussitôt il se remit sur pied et fonça sur le filin jeté par Achille.

– Vite, grimpe ! commanda la voix d'Achille.

Yannick empoigna le filin et entreprit de se hisser à la force des poignets. Gracieux gémissait quelque part. La femme en noir et Chérubin jaillirent en même temps de la maison. Ils foncèrent sur Yannick à une vitesse stupéfiante. Le garçon s'élevait lentement. Ses poignets le faisaient souffrir horriblement. Il n'était qu'à trois mètres du sol. L'inactivité forcée et la drogue injectée par la femme en noir n'avaient pas arrangé sa condition physique. Le faîte du mur se trouvait encore bien haut.

Chérubin bondit. Ses mâchoires claquèrent dans le vide, à quelques centimètres des pieds du Furet. Le molosse avait mésestimé la position du gibier, il retomba ivre de rage. La femme en noir se saisit du filin, l'enroula autour de son poignet et tira violemment. Yannick faillit être projeté à terre, mais il s'arc-bouta et tint bon.

De l'autre côté du mur, la branche à laquelle était arrimé le filin plia brusquement et projeta Achille au sol. Une des mains de Yannick s'écorcha douloureusement au crépi du mur, l'autre réussit à atteindre le sommet et se coupa à un tesson.

Chérubin banda ses muscles. Yannick, d'une secousse désespérée, se hissa et se retrouva à plat ventre au sommet du mur. Il partit d'un rire nerveux et triomphant alors que des bouts de verre le lacéraient méchamment. Sa geôlière poussa un rugissement de colère. Chérubin bondit, mais Yannick était hors d'atteinte. Le garçon prit le filin à deux mains malgré la douleur et se laissa choir du côté de la liberté. Il y retrouva un Achille encore ébaubi :

– Me suis vachement fait mal. Content de te revoir, Yannick ! C'est cool, hein ?

La porte de la citadelle grinça. Achille et le Furet se ressaisirent et piquèrent un sprint en direction de la mer. La femme en noir, au lieu de s'élancer à leur poursuite, rentra dans la citadelle où, calmement, elle enfila des chaussures de sport spéciales et ressortit, sûre d'elle, le pitbull Chérubin sur ses talons à coussins d'air. Elle aurait sa revanche.

19

Les deux garçons, la poitrine en feu, firent le point à l'abri d'un bosquet de pins qui allongeait son ombre lunaire sur la lande.

– Je crois qu'on l'a lâchée. Elle n'est pas derrière nous !

– J'ai du mal à y croire.

– Pour te séquestrer comme ça, faut vraiment qu'elle ait pété les plombs !

– Ouais, c'est gros. Tu as ton téléphone portable ?

– Dans mon sac, mais ma chute l'a sûrement bousillé !

– Passe-le-moi, s'il te plaît !

L'appareil fonctionnait. Yannick composa le numéro de Loubia sans obtenir de réponse. Il fit alors celui de la maison du Rocher-Vert, en vain également. Un nuage masqua le morceau de lune.

– De toute évidence Martha et Yves ne sont pas rentrés ! dit-il soucieux.

– Le mieux, quand même, c'est peut-être de foncer chez les gendarmes pour leur raconter ton aventure.

Le regard de Yannick se porta en direction de la citadelle invisible. Un oiseau s'envola brusquement en poussant un cri douloureux. Les deux garçons sursautèrent.

– Je me demande ce qu'*elle* mijote… murmura Yannick.

– Qu'est-ce qu'on fait ?

Le morceau de lune se découvrit. L'océan se transforma en une masse luisante de mercure noir. Yannick soupira et son front se plissa.

– On descend à la plage, qu'on longera jusqu'à la maison du Rocher-Vert. Je veux rien faire sans l'avis d'Yves et Martha. Dis, ton père ne va pas s'inquiéter, Achille ?

– Est-ce qu'il sait seulement que j'existe ?

Le Furet posa une main sur l'épaule amie.

– Au fait, je voulais te remercier pour le coup de main. Sans toi, je…

– N'en parlons plus, c'est tellement rare que je puisse être utile.

Ils descendirent vers le rivage. Dans le Trou-de-l'Enfer, la mer poussait sa plainte sinistre. La lune se dégageait complètement des nuages. Yannick jeta un ultime regard en direction de la citadelle.

Et ses cheveux se dressèrent sur sa tête. Chérubin déboulait silencieusement.

– Fonce, Achille !

La course folle reprit. La mer en se retirant avait durci le sable.

– On va se faire bouffer ! haleta Achille.

– Foutons-nous à l'eau !

La mer était fraîche, accueillante. Chérubin poussa un grognement furieux quand il vit ses proies lui échapper. Il se jeta à l'eau, mais se fatigua vite, but la tasse et renonça. Achille ricana et s'arrima le sac à dos sur la tête. Les garçons entendirent que la folle rappelait son chien, alors ils s'allongèrent dans l'eau et se mirent à nager. La mer se fit froide. Les vêtements pesants fatiguaient leurs membres qui s'engourdissaient. L'eau salée taraudait les blessures de Yannick. Les nageurs contournèrent les digues du plan d'eau artificiel. Ils allaient au même rythme en s'encourageant. Dix minutes plus tard ils abordaient, à demi asphyxiés, épuisés par la marée descendante qui avait cherché à les entraîner au large.

20

Yannick et Achille, glacés, traversèrent le jardin. Les vêtements trempés leur collaient à la peau. Des plantes fouettaient leurs mollets. Ils rêvaient d'une douche brûlante.

– Aucune lumière, je suis inquiet pour Martha et Yves, tu as une idée de l'heure, Achille ?

Achille leva son poignet.

– Onze heures passées.

– Seulement ? J'ai l'impression que ce marathon a commencé depuis une éternité.

Ils arrivèrent à la véranda. Yannick fit glisser le panneau de verre, alluma, et verrouilla soigneusement derrière eux.

– C’est cool de retrouver la civilisation, dit Achille.

Dans le séjour, où rien ne semblait avoir bougé, le Furet se saisit du téléphone et fit le numéro de Loubia.

– Tu es allée voir un film, Loulou ! affirma Yannick dans l’appareil.

– J’ai des comptes à te rendre ?

Des flaques s’étaient formées autour des garçons.

– Non, quelle idée.

– Bon d’accord. J’ai tes renseignements, qu’est-ce que tu me donnes en échange ?

– Une place dans mon cœur.

– La première ?

– Évidemment !

– Marché conclu. Ton infirmière, Jacquotte Malifaud, a eu un problème il y a quelques années.

– Je m’en doutais.

– Vraiment un gros problème.

– Lequel ?

– Attends, tu n'imagines pas le mal que je me suis donné pour obtenir cette information. Surfer sur le web prend du temps, il faut trouver les sites, des correspondants bienveillants. Le moins dur a été de dénicher les articles dans des journaux comme *Ouest-France*, *Presse-Océan*, *Le Courrier de Paimbœuf*. En revanche, pénétrer le système informatique du C.H.U. de Nantes, quelle prise de tête ! À mon avis, c'est illégal et…

– Lou, peux-tu faire court ?

– Je suis vexée, Yannick…

– S'il te plaît !

– Bon, as-tu un fax ?

Le Furet dit que oui et en donna le numéro. Loubia raccrocha. Achille paraissait soucieux. Le fax ronronna.

– Y'a un drôle de bruit, remarqua Achille.

Yannick regarda la machine qui imprimait.

– Non ! au-dessus de nous…

Yannick leva les yeux, tendit une oreille distraite.

– J'entends rien, fit-il en s'emparant du texte faxé sur lequel il découvrit ceci :

EXTRAIT DU « COURRIER DE PAIMBŒUF » DU 3-6-1991, PAGES LOCALES

SUICIDE À L'HÔPITAL

La nuit dernière, dans le service de neurologie du CHU de Nantes, un jeune patient toxicomane s'est donné la mort en sautant par la fenêtre du troisième étage. L'infirmière de garde, Jacquotte Malifaud, après avoir d'abord tenté de l'en empêcher lui aurait déclaré : « Pauvre graine de bandit, saute si t'es un homme ! »

CURRICULUM (ANNEXE N° 1) ACCOMPAGNANT L'AVIS DE LICENCIEMENT DE L'INFIRMIÈRE MALIFAUD JACQUOTTE

Elle est née le 8 mai 1965. Son père, riche maraîcher, meurt accidentellement très tôt. Elle est retirée à sa mère pour être placée dans un foyer d'accueil.

Néanmoins elle fera des études secondaires brillantes et se surpassera dans la pratique de certains sports (sélectionnée en 1983 dans l'équipe de France féminine pour la course du 1500 m). Après un séjour dans une congrégation religieuse, Jacquotte Malifaud est reçue au concours d'infirmière.

ÉTUDE PSYCHOLOGIQUE (ANNEXE N° 2)

Jacquotte Malifaud porte la marque d'une enfance malheureuse. Sa mère la battait régulièrement. Ses difficultés s'expriment

sous la forme d'une névrose obsessionnelle. Privée de son père et rejetée par sa mère, elle veut se consacrer aux enfants en péril. Maniaque jusqu'à l'obsession dans le service, elle ne supporte pas que les jeunes patients résistent à son autorité. On la voit fréquemment parcourir les couloirs en ânonnant de vieilles leçons de morale. Il était prévisible qu'un accident aurait lieu.
En conclusion, Jacquotte Malifaud est inapte à la fonction d'infirmière. Un suivi psychiatrique serait souhaitable.

21

– Ici à La Bernerie on ne savait pas, fit Achille, elle est atteinte grave cette femme !

– C'est quoi ce drôle de bruit dans le grenier ? fit Yannick.

Achille regarda en direction de l'escalier.

– Toi aussi t'es grave, je t'en ai parlé tout à l'heure !

– C'est plein de courants d'air là-haut... hasarda le Furet.

Les vêtements avaient séché sur le dos des garçons. C'était très désagréable. La porte du grenier grinça. Une balle de mousse dégringola les marches en sautant de l'une à l'autre. Les garçons poussèrent un soupir de soulagement.

– Le vent, dit Achille, j'ai bien cru que…

– Moi aussi. Peut-être qu'il va falloir quand même alerter les flics, elle doit errer dans la nature avec ses chiens.

– Ouais… elle pourrait s'en prendre à quelqu'un d'autre.

Yannick tendit la main vers le téléphone. La porte grinça encore. Les garçons levèrent la tête.

La femme en noir descendait l'escalier, sans se presser, avec Chérubin en laisse.

Elle dardait une seringue dont l'aiguille étincelait. Deux autres seringues étaient passées dans les étuis de sa cartouchière.

D'abord pétrifiés, Yannick et Achille bondirent dans la véranda. Fermée. La folle était en bas de l'escalier. Yannick déverrouilla enfin le panneau. La folle siffla comme une vipère en colère. Les garçons détalèrent dans le jardin.

Mais la femme en noir était sur eux.

Alors Yannick projeta dans ses jambes le pied articulé qui traînait dans l'herbe mouillée. La folle trébucha et s'étala. Ils foncèrent. Avant de passer la porte du jardin et de filer au sud pour éviter la citadelle, Yannick se retourna. Dans le clair de lune, Chérubin tirait sur sa laisse, déséquilibrant sa maîtresse qui cherchait à se remettre debout.

La marée était basse. Le sable, qui luisait d'une phosphorescence verte, guidait leur course. Ils firent ainsi quelques kilomètres. Une course magnifique, enivrante, s'il n'y avait eu *la mort derrière eux.*

Après les Moutiers, ils prirent par la plage

du Pré-Vincent et arrivèrent au port du Collet, silencieux comme dans un rêve.
Et la mort les rattrapa.
Elle était cauchemardesque et venait comme le vent. Sa robe noire flottait derrière elle. Une coureuse de fond, patiente et obstinée, pareille à la douleur. Dans sa main le sceptre effilé, gorgé de venin, était prêt à transpercer le corps des petits criminels. Le molosse Chérubin courait au rythme de la folie, démuselé et ivre de malveillance.

Dans la plaine de boue luisante sous la lune, on voyait d'étranges cabanes sur pilotis auxquelles étaient suspendus des filets de pêche.
La mort n'était plus qu'à dix mètres.
Yannick en sentait le souffle sur son cou. Il força l'allure, désespérément.
– J'en peux plus, haleta Achille.

– Suis-moi ! dit le Furet.

Ils bifurquèrent brusquement et gravirent une des frêles passerelles permettant l'accès à un carrelet. Yannick arracha le cadenas de la cabane vermoulue. Ils traversèrent l'abri. De l'autre côté, au-delà de l'ouverture sur la mer, pendait un vaste filet.

– On peut guère aller plus loin, s'affola Achille.

Yannick murmura à l'oreille de son copain qui acquiesça tandis que la bâtisse tremblait.

La femme en noir fit irruption avec Chérubin. Les deux garçons lui faisaient face. Leurs corps obstruaient la fenêtre sur l'océan. Les deux fauves bondirent, écumants, hallucinés par la rage. Au dernier moment, Yannick et Achille s'effacèrent, agrippés chacun à un montant de l'ouverture, des vagues furieuses éclatant sous eux.

Surpris, la mort et son auxiliaire tombèrent à la mer.

*

Yannick alla à l'hôpital, Martha avait souhaité l'accompagner. Le service de psychiatrie était au premier étage. Là, on leur dit qu'ils devaient descendre au jardin. Jacquotte Malifaud était assise sur une chaise en fer au milieu des fleurs. Elle avait changé, c'était maintenant une vieille femme.

– Je te connais, dit-elle en ouvrant les yeux sur le Furet.

Elle regarda ensuite Martha longuement.

– Ta mère ?

Yannick, interdit, hésita. Martha laissa tomber avec un peu de colère :

– Pas exactement, mais je fais ce que je peux !

Jacquotte Malifaud acquiesça d'un air entendu :
– Ce n'est pas un mauvais garçon, mais il a besoin qu'on s'occupe de lui.
– C'est aussi ce que je pense, assura la tante en posant une main sur l'épaule de son neveu.
– Écoutez, je voudrais bien qu'on me lâche enfin, fit Yannick au supplice.
La femme en noir lui jeta un regard aigu.
– J'aime les rebelles, dit-elle en lui souriant pour la première fois.

*

Yannick suivit son copain au garage.
– Elle aurait pu se noyer comme Chérubin, dit Achille.
– Mais elle est tombée dans le filet, et la police et Yves sont arrivés !

– Est-ce qu'on sait ce qu'elle brûlait ?

– On en a une petite idée : de vieilles télés, des tonnes de journaux, quantité de bouquins, essentiellement des polars et des histoires d'aventuriers qu'elle récoltait un peu partout.

– C'est fou ! dit Achille.

– Elle devait considérer qu'ils colportaient le vice et la violence.

– Alors elle purifiait par le feu…

– Oh pour la télé, fit Yannick, pas si fou que ça, finalement !

Un coin du garage avait été dégagé pour Gracieux. L'animal allait se remettre. Pour l'heure, il ronflait sur un coussin.

– J'ai toujours rêvé d'avoir une bête à moi, fit Achille. Avec mon père on va lui construire une super-niche.

*

Quand le Mercedes démarra, Yannick se pencha à la fenêtre. Achille fit un signe de la main et dit :

– Cet été, sûr ?

– Juré. Faut que tu m'apprennes à construire des cerfs-volants, ça peut servir.

– Pas de problème.

– Bon…

– T'as quelque chose à ajouter ?

– Ouais, tchao… MEDOUR.

Le garçon opina vigoureusement.

– Tchao LERUFET !

Deux petits nuages faisaient la course au-dessus de la mer immense.

Fin

Dans la même **collection**

Vagues à Biarritz

Jocelyne SAUVARD

Biarritz, paradis du surf. Pour un amateur comme le Furet, l'endroit est rêvé. Mais le naufrage d'un cargo sur la plage basque provoque des remous plus que suspects. Intrépide, le Furet plonge dans les soutes du bateau. C'est le début d'un jeu de piste infernal qu'il va devoir démêler, seul, contre mauvaises rencontres et amis peu bavards. Une exploration qui tourne au cauchemar…

Un livre broché de 140 pages

Cousu de fil noir

Yves PINGUILLY

En mission à Kohrogo, Côte-d'Ivoire, pour une organisation humanitaire, le Furet est sur une piste qui sent le soufre. À peine l'enquête est-elle commencée qu'il se fait kidnapper. Séquestré dans la brousse, prisonnier d'une mystérieuse jeune fille, il devient la proie d'une chasse à l'homme effrénée…

Un livre broché de 182 pages

Brouillard d'Écosse

Maud TABACHNIK

Dans les brumes écossaises, un petit village surplombe les eaux du loch Ness. Tout a l'air tranquille. Trop tranquille ! Pourtant, le château dressé sur la lande est le théâtre de disparitions inexpliquées… Malgré l'hostilité des habitants, le Furet décide d'en savoir plus. Mais le monstre qu'il va réveiller est bien plus dangereux que celui du loch Ness.

Un livre broché de 154 pages

Le mystère de la toile d'araignée

Stéphanie BENSON

Un voyage scolaire à Londres encadré par une prof d'anglais plutôt coincée : *a priori* rien de très palpitant. Mais lorsqu'un inconnu en fuite confie des informations secrètes au Furet, l'aventure démarre à toute allure. Complot, message codé sur Internet, disquette convoitée... Le Furet n'a pas fini de courir pour résoudre le mystère de la toile d'araignée.

Un livre broché de 168 pages

Menace sur la ville

Franck PAVLOFF

Dans les rues écrasées de chaleur, au pied des montagnes qui vibrent sur un fond de ciel pur, la ville est en fête. Mais au milieu des rires et des pétards, le Furet surprend d'étranges silhouettes qui longent le canal. La découverte d'un corps, flottant entre deux eaux, signe alors la menace qui plane sur Vizille. Le Furet va foncer sans retenue dans l'enquête. Au risque de s'y perdre.

Un livre broché de 154 pages

Combats de nuit

Frédéric H. FAJARDIE

C'est en pleine campagne normande que le Furet découvre l'incroyable spectacle nocturne d'un cercle de voitures de luxe. Sous ses yeux effarés, commencent alors de sinistres combats où les maîtres du jeu ne sont pas ceux que l'on croit. Pour faire éclater la vérité, le Furet devra jouer vraiment très serré.

Un livre broché de 126 pages

Piège à la verticale

Jean-Hugues OPPEL

La chute d'un moniteur d'escalade bouleverse le village du Vaucluse où séjourne le Furet. Bandes rivales, duels sur des parois vertigineuses et message codé… il n'en faut pas plus pour lancer le Furet dans l'action. S'il veut faire éclater la vérité et aider la jeune fille en robe à pois, le Furet ne devra pas se tromper de piste…

Un livre broché de 140 pages

Les vacances se corsent

Chantal PELLETIER

La Corse aux paysages grandioses, le soleil et quelques vrais amis : le Furet n'en demandait pas plus pour ses vacances. Mais, après un premier feu de forêt inexpliqué, la peur s'installe. Qui se cache derrière ces incendies criminels ? Le Furet se lance dans une enquête brûlante ! Pourtant, les secrets sont bien difficiles à percer sur l'île de beauté : loi du silence oblige !

Un livre broché de 154 pages

Secrets de famille

Sylvie GRANOTIER

Au beau milieu de la nuit, une créature immense et difforme déambule dans la forêt. Illusion ? Mais l'énorme pierre qui frappe le Furet est bien réelle. Et l'orage qui transforme le paysage de la Creuse en décor de cauchemar laisse entendre d'étranges grognements. Le Furet n'aurait pas dû être témoin de ce qu'il a vu. Il ne peut plus reculer, il doit percer le mystère des ombres et des cris qui troublent les nuits d'automne de la maison du notaire.

Un livre broché de 168 pages

Passagère sans retour

Brigitte AUBERT et Gisèle CAVALI

Nice. Le soleil, la mer… Et Maria, l'étrangère, dans ses vieux habits minables, qui court partout avec de mystérieux sacs en plastique. Le Furet veut comprendre quel terrible secret cachent ces yeux bleus si tristes. Prêt à tout pour l'aider, il va découvrir un abominable « commerce » et affronter au péril de sa vie des trafiquants impitoyables.

Un livre broché de 168 pages

Le solitaire des Salicornes

Patrice FAVARO

Arrivé à Fos-sur-Mer pour retaper un vieux bateau, le Furet se retrouve rapidement plongé dans une affaire louche. Depuis la disparition du vieil Hollandais, le domaine des Salicornes est convoité par des politiciens sans scrupule pour y entasser des déchets industriels. Mais avec l'aide des habitants du lieu, le Furet est fermement décidé à se battre pour faire éclater la vérité.

Un livre broché de 140 pages

Une marque d'enfer

Mouloud AKKOUCHE

De passage en Touraine, le Furet rencontre Diana, une jeune Italienne. Sa mère a subitement disparu et pourtant personne ne semble prêt à l'aider. Touché par sa détresse, le Furet se lance dans une enquête périlleuse. Avec acharnement, il parviendra à démasquer un trafiquant hors de tous soupçons et révèlera ainsi une affaire... d'enfer !

Un livre broché de 154 pages

Les fusils dans l'île

Olivier MAU

Entre trafic d'armes, villas piégées et réunions secrètes dans le maquis corse, difficile pour le Furet de se laisser aller au farniente...
Mais pour l'amour de l'aventure et les beaux yeux de Vanille, le voilà prêt à tout pour percer les mystères de la baie de Bonifacio. Et l'affaire va se révéler franchement carabinée.

Un livre broché de 182 pages

La composition de cet ouvrage
a été réalisée par Nord Compo,
l'impression et le brochage ont été effectués
sur presse Cameron dans les ateliers
de Bussière Camedan Imprimeries
à Saint-Amand-Montrond (Cher),
pour le compte des Éditions Albin Michel.

Achevé d'imprimer en août 1999.
N° d'édition : 11436. N° d'impression : 993314/1.
Dépôt légal : 2ᵉ semestre 1999.